# knot×knot PARACORD KIDS

# DAS IST DRIN

ÜBRIGENS: Auf den Umschlagklappen findest du einen Paracord-Spickzettel mit allen Basisknoten!

# PARACORD – WAS IST DAS DENN?

Paracord ist der Hingucker schlechthin, wenn es ums Knüpfen, Flechten, Wickeln und Knoten geht! Es ist in einer riesigen Auswahl an Farben und Mustern erhältlich. Es ist weder zu dünn noch zu dick (denn es gibt viele Varianten). Und man kann die Schnurenden beliebig miteinander verschweißen. All diese Eigenschaften machen das Material für Do-it-yourself-Freunde unschlagbar.

So knüpfen coole Kids: Paracord ist eine Outdoor-Allzweckleine, die ursprünglich als Fallschirmschnur entwickelt wurde. Die Idee, daraus Armbänder zu knüpfen, kam zuerst Fallschirmspringern des US-Militärs. Aber die Optik muss keinesfalls an Flecktarn erinnern! Du findest die Superschnur in allen Farben und Durchmessern bei unserem Ausstatter **www.tacticaltrim.de**.

Knüpfen, flechten, knoten – passe die Ideen aus diesem Buch ganz einfach an deine Wünsche an: Eine andere Farbe, ein dünneres Paracord und schon passt dein Armband auch deinem Teddy. Also, knüpf dir blitzschnell eine Libelle als Schlüsselanhänger, peppe deinen Turnbeutel auf oder mach dein Hüpfseil zum absoluten Renner auf dem Pausenhof. Tauche ein in die bunte Welt des Paracord. Wir wünschen dir jede Menge Spaß und Erfolg dabei!

# knot*knot
## DAS SIND WIR

Das Label Knot*Knot haben wir Ende 2011 in Berlin gegründet, um unschöne und langweilige Kabel durch farbenfrohe Umknüpfungen aufzuwerten. Wir, das sind Thade Precht und Nora Schmidt. Unser Motto lautet „Kabel bekennen!“. Also Schluss mit dem Verstecken schnöder Kabel und her mit den modischen Knot*Knot-Kabeln. Damit möglichst viele Leute von unserem Service profitieren können, haben wir auf unserer Internetseite **www.knot-knot.de** einen Online-Shop eingerichtet. Dort kann sich jeder Besucher einfach und bequem sein ganz persönliches Wunschkabel zusammenstellen.

Das schöne an Knot*Knot ist, dass wir nie so genau wissen, wohin uns die Reise als Nächstes führt. Wir tun und machen einfach und schauen dann, was sich ergibt. Beim Knüpfen ist das übrigens oft genauso: Man knotet und knotet und irgendwann kommt man von ganz alleine auf neue Ideen. Probier's aus!

Dein knot*knot - Team

# RINGELREIHEN

DU BRAUCHST: Paracord (Knot*Knot-Empfehlung in Lila), je nach Fingerumfang 5–7 cm lang • ggf. 1 Perle, innen ø 4 mm • Permanentmarker • Schere • Feuerzeug

**1** Um den genauen Umfang des Rings auszumessen, legst du die Paracord-Schnur um deinen Finger (mit bereits aufgefädelter Perle, falls gewünscht) und markierst die Stelle mit einem Permanentmarker, an der das eine Ende wieder auf die Schnur trifft.

**2** Nimm die Schnur wieder ab, schneide sie mit einer Schere zu und verschweiße sie an der entsprechenden Stelle. Zum Verschweißen benötigst du ein Feuerzeug und einen erwachsenen Assistenten: Halte die beiden sauber abgeschnittenen Enden parallel zueinander und bündig abschließend an die offene Flamme des Feuerzeugs, bis die Enden angeschmolzen sind. Lege das Feuerzeug beiseite und drücke die beiden Enden rasch für 20 Sekunden zusammen, bis der verschweißte Bereich erkaltet und ausgehärtet ist.

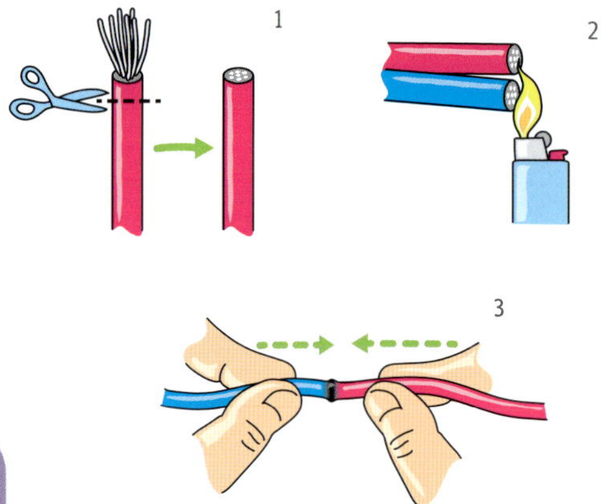


## PROFITIPP

Mehrere Ringe in unterschiedlichen Farben an einem Finger lassen sich schön miteinander kombinieren. Mach dir zu jedem Outfit den passenden Schnellschmuck!

**PROFITIPP**

Du kannst während des Knüpfens Perlen oder Charms auf die beiden Leitschnüre fädeln und die beiden Knüpfschnüre seitlich vorbeilaufen lassen – eine einfache Methode für eine tolle Optik!

# BUNTES BÄNDCHEN

DU BRAUCHST: Paracord in einer oder zwei Farben (Knot*Knot-Empfehlung in Schwarz und Regenbogen), 2 x 1,10 m lang • Klickverschluss (Knot*Knot-Empfehlung in Schwarz), 1–1,2 cm breit • ggf. 1–10 Perlen, innen ø 4 mm • kleine Schere • Feuerzeug

1 Für ein zweifarbiges Armband verschweißt du gemeinsam mit einem Erwachsenen die beiden 1,10 m langen Schnüre zu einer 2,20 m langen Schnur (siehe S. 6).

2 Nun fixierst du die Schnur mittig mit einer Doppelschlinge am einen Ende des Verschlusses. Führe die beiden Enden als Leitschnüre auf die gewünschte Länge und schlage sie dann von unten nach oben um das andere Ende des Klickverschlusses (Abb. 1).

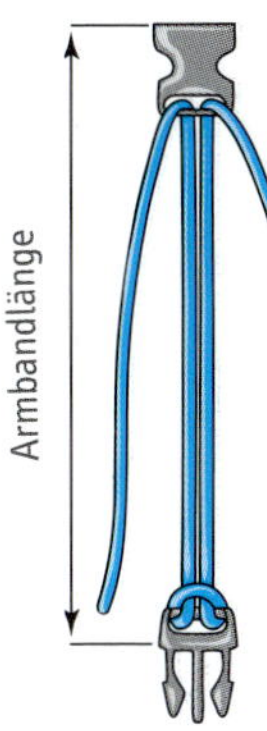

1

3 Arbeite dich nun mit Strangknoten so weit vor, bis die gewünschte Länge erreicht ist: Nimm das rechte, lose Ende und führe es im Bogen nach links, sodass rechts eine Schlaufe entsteht, unter den beiden Leitschnüren hindurch und über das linke, lose Ende (Abb. 2). Führe nun das linke, lose Ende nach rechts über die beiden Leitschnüre und durch die Schlaufe (Abb. 3). Anziehen.

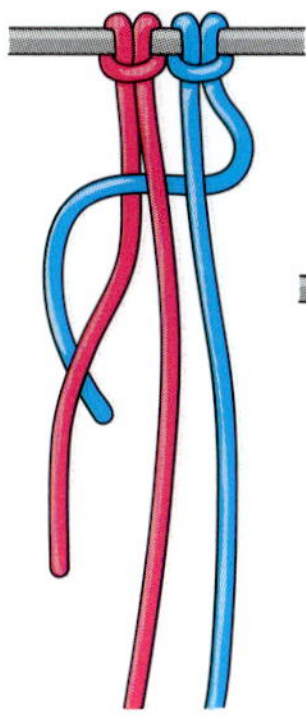
2

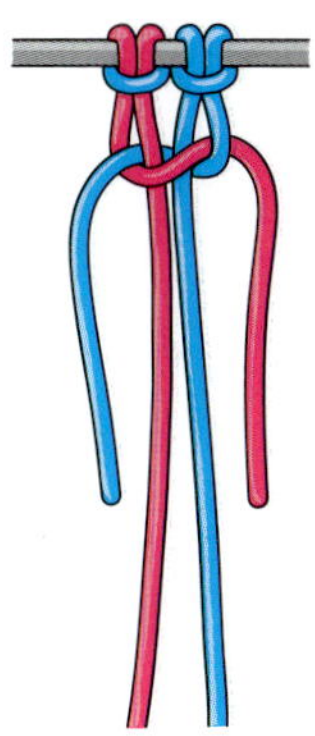
3

4 Arbeite den zweiten Knoten gegengleich: Nimm das rechte, lose Ende und führe es über die Leitschnüre nach links und unter dem losen Ende hindurch. Führe das linke, lose Ende nach rechts unter die beiden Leitschnüre und durch die Schlaufe. Anziehen.

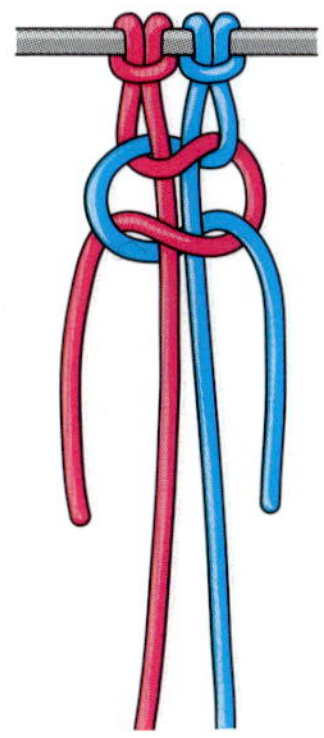
4

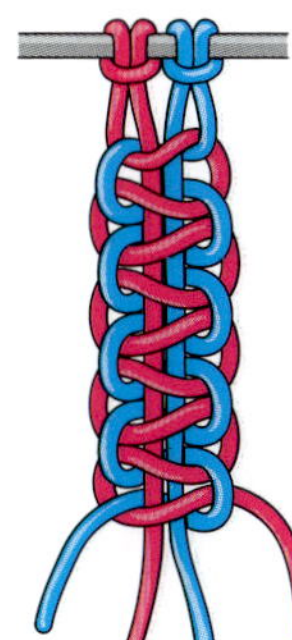
5

5 Sichere die beiden losen Enden nacheinander mit einem Siegelschluss. Dazu benötigst du einen erwachsenen Assistenten und ein Feuerzeug (siehe Umschlagklappe links).

6 Fertig ist dein Armband!

# GROSSE SPRÜNGE

DU BRAUCHST: Paracord in einer oder mehreren Farben (Knot*Knot-Empfehlung in Neongrün, Braun und Schwarz), insg. 20 m lang • Hüpfseil, 2,1 m lang • Schere • Feuerzeug

1 Damit die Umknüpfung nicht zu schwer und zu dick wird, musst du bei diesem Modell zuerst die weißen Kernfäden aus den Paracordschnüren ziehen, sodass nur noch die bunten Mantelfäden übrig bleiben.

2 Wie der Helixknoten geht, siehst du Schritt für Schritt auf den Umschlagklappen.

3 Schlage die Schnur am gewünschten Anfangspunkt der Umknüpfung mittig um das Hüpfseil und arbeite dich mit Helixknoten vor. Der Anfangspunkt sollte mindestens 20 cm vom Griff entfernt sein, damit sich das Seil später zur Einstellung der Länge noch gut ums Handgelenk wickeln lässt. Achte darauf, dass sich die Schnur nicht in sich selbst verdreht. Arbeite nicht zu fest! Je straffer du die Helixknoten zuziehst, desto steifer wird später dein Springseil.

4 Farbwechsel: Schneide das betreffende Ende mit 5 cm Überstand ab. Jetzt brauchst du einen erwachsenen Helfer: Schiebt das schmal zulaufend verödete Ende der nächsten Schnur in die erste hinein, sodass es ca. 1–2 cm tief im Schnurmantel verschwindet. Die abgeschnittenen Fasern vorsichtig mit dem Feuerzeug ansengen und mit der Seite des Feuerzeugs andrücken.

5 Am Endpunkt der Umknüpfung sicherst du die beiden losen Enden nacheinander mit einem Siegelschluss (siehe Umschlagklappe links). Geschafft!

# DURST!

DU BRAUCHST: Paracord in einer oder mehreren Farben (Knot*Knot-Empfehlung in Neongelb, Neongrün, Neonrosa, Türkis, Grau und Weiß), 6 x 1 m • Paracord (Knot*Knot-Empfehlung in Schwarz), 15 cm und 30 cm • Trinkflasche (Knot*Knot-Empfehlung in Schwarz), ø 7 cm, Höhe 20 cm • Kordelstopper (Knot*Knot-Empfehlung in Schwarz) • Schere • Feuerzeug

1 Führe die 30 cm lange Schnur mit dem Kordelstopper zu einer Schlaufe zusammen. Fixiere daran die sechs 1 m langen Schnüre jeweils auf halber Länge mit einer Doppelschlinge.

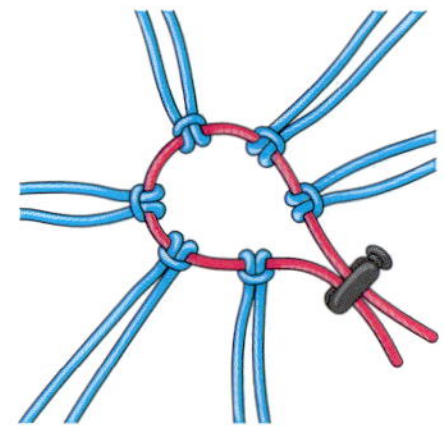

1

2 Lege die Schlaufe um den Flaschenhals und ziehe sie mit dem Kordelstopper fest. Positioniere die sechs Doppelschlingen in gleichmäßigem Abstand zueinander und knüpfe dann von oben nach unten ein gleichmäßiges Netz aus Quartettknoten. Der senkrechte Abstand von Knüpfreihe zu Knüpfreihe sollte dabei rund 3 cm betragen.

2

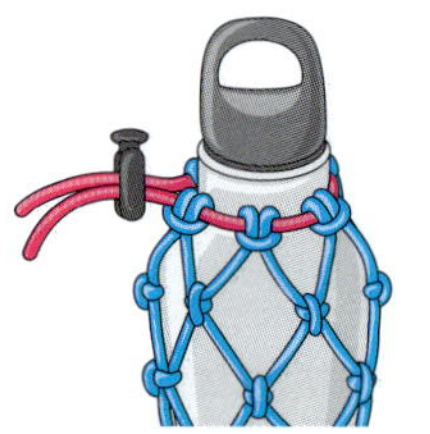

3

Weiter geht's auf Seite 14.

**3** Wie der Quartettknoten geht, siehst du Schritt für Schritt auf den Umschlagklappen.

**4** Am Flaschenboden angekommen, kürzt und verschweißt (siehe S. 6) du immer jeweils zwei nebeneinander liegende, lose Schnurenden (aus zwei nebeneinanderliegenden Quartettknoten) zu einer Schlaufe.

**5** Führe die 15 cm lange Schnur für den Abschlussring durch die Schlaufen, ziehe sie zusammen, kürze und verschweiße sie.

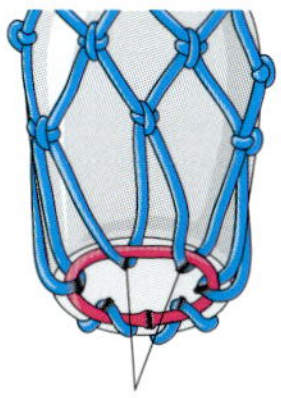


4

**6** Um die schöne Seite der Quartettknoten nach außen zeigen zu lassen, löse die Schlaufe am Flaschenhals, ziehe die Flasche heraus, kremple das Netz um und stecke die Flasche wieder hinein. Jetzt sehen die Quartettknoten so aus wie rechts gezeigt. Durstig?

# ES IST SOMMER

DU BRAUCHST: Paracord in einer Farbe (Knot*Knot-Empfehlung in Grau), 1,25 m lang • 2 Perlen (Knot*Knot-Empfehlung in Neonrosa), innen ø 4 mm • Schlüsselring • Schere • Feuerzeug

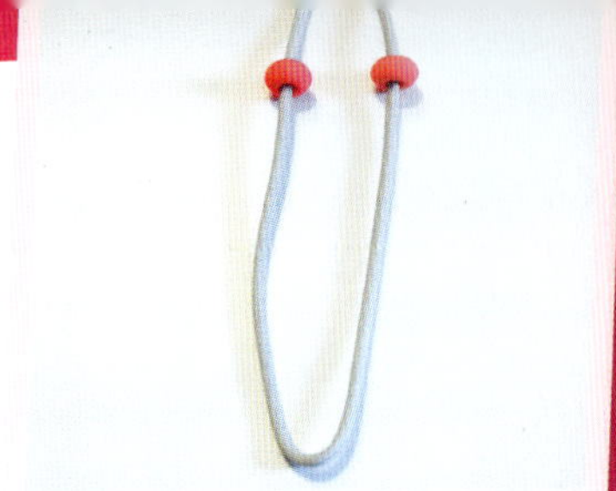

1 Lege die Schnur mittig zusammen und fädle auf jeder Seite eine Perle als Auge auf. Schiebe die Perlen soweit vor, dass der Abstand von den Perlen zum unteren Ende der Schlinge 10 cm beträgt.

2 Mache nun insgesamt drei halbe Strangknoten (siehe S. 8).

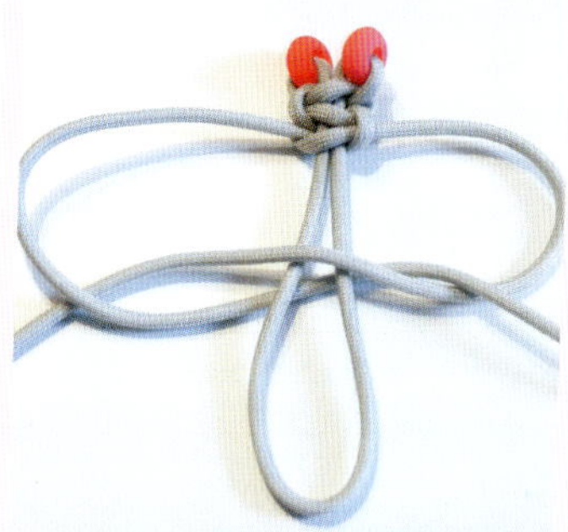

3 Beim nächsten halben Strangknoten formst du mit den Knüpfschnüren auf jeder Seite einen 5 cm breiten Flügel. Fixiere diese Flügel mit einem weiteren halben Strangknoten.

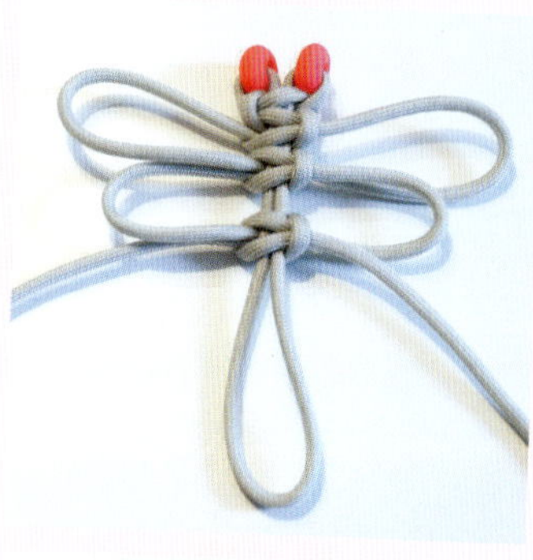

4 Wiederhole Schritt 3, um das zweite Flügelpaar zu erstellen und zu fixieren. Knüpfe dann weitere Strangknoten, bis die untere Bucht die gewünschte Größe bzw. die Libelle die gewünschte Körperlänge erreicht hat.

5 Für den letzten Schritt benötigst du einen Erwachsenen: Kürzt und sichert die beiden losen Enden nacheinander mit einem Siegelschluss (siehe S. 8). Anschließend fädelst du den Schlüsselring ein. Nun kann das Insekt an deinem Schlüsselbund umherschwirren.

# SCHLÜSSELKIND?

DAS BRAUCHST DU: Paracord in einer oder zwei Farben (Knot*Knot-Empfehlung in Schwarz und Regenbogen), 2 x 1 m lang • Schlüsselring • Schere • Feuerzeug

1 Verbinde beide Schnüre mittig mit einem Quartettknoten (siehe Umschlagklappen).

2 Knüpfe darauf weitere Quartettknoten, bis du die gewünschte Länge erreicht hast. Damit das Schlüsselband eckig wird, achte darauf, dass ein Schnurende immer auf dieselbe Seite wie beim vorangegangenen Knoten gelegt wird (Abb. 1–4).

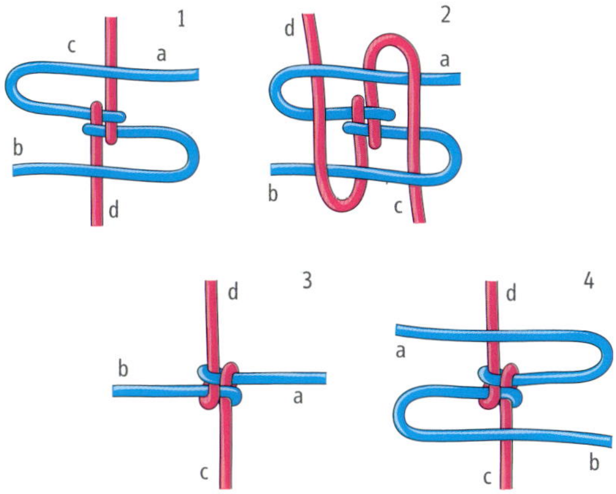


3 Für den letzten Schritt benötigst du einen erwachsenen Helfer: Kürzt und verschweißt zunächst zwei gegenüberliegende Schnurenden miteinander (siehe S. 6). Wiederholt dasselbe mit den anderen beiden Schnurenden. Dann fädelst du den Schlüsselring ein. Fertig!

# MEIN MASKOTTCHEN

DU BRAUCHST: Paracord in zwei Farben (Knot*Knot-Empfehlung in Grau und Blau), 40 cm und 30 cm lang • Seilkausche, Rillenweite 4 mm, innere Weite 1,2 cm–1,4 cm • Schere • Feuerzeug

**1** Lege die kurze Schnur mittig zusammen und mache drum herum einen Anknüpfknoten mit der langen Schnur.

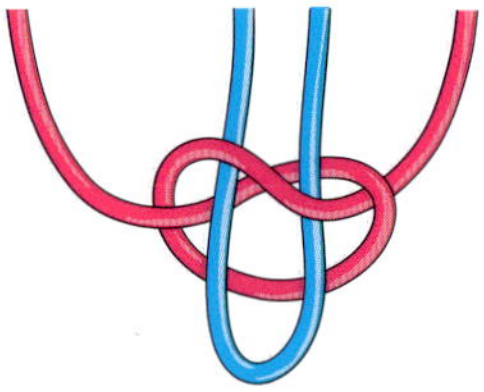

**2** Als nächstes folgen mit der langen Schnur drei halbe Strangknoten (siehe S. 8) in Richtung der Bucht der kurzen Schnur.

**3** Setze die Seilkausche in die Bucht ein und schiebe die kleine Strangknotenreihe soweit hoch, dass die Seilkausche fest sitzt.

**4** Mache in leichtem und gleichmäßigem Abstand von der Strangknotenreihe einen einfachen Überhandknoten in jedes der vier losen Schnurenden.

**5** Gemeinsam mit einem Erwachsenen kürzt und sicherst du die losen Enden nacheinander mit einem Siegelschluss (siehe Umschlagklappe links). Und fertig ist das Männlein!

# TANTE-EMMA-LADEN

DU BRAUCHST: Paracord (Knot*Knot-Empfehlung in Neongrün), 8 cm, 10 cm und 12 cm lang • Paracord (Knot*Knot-Empfehlung in Neonorange), 2 cm, 3 cm, 4 cm, 5 cm, 6 cm und 2 m lang • Klebefilme • Schere • Feuerzeug

**1** Verschweiße (siehe S. 6) die kurzen Paracord-Abschnitte so miteinander, wie es auf dem nebenstehenden Foto gezeigt ist: 2 cm und 3 cm Neonorange mit 8 cm Neongrün, 4 cm und 5 cm Neonorange mit 10 cm Neongrün, sowie 6 cm und 2 cm Neonorange mit 12 cm Neongrün.

**2** Schlage die aus Schritt 1 entstandenen drei Schnüre jeweils auf halber Länge des grünen Bereichs um, lege sie zusammen und fixiere sie in dem oberen orangen Bereich umlaufend mit einem Streifen Klebefilm.

**3** Jetzt führst du die 2 m lange Schnur nach unten auf die gewünschte Länge deiner Karotte (12 cm), schlägst sie dort um und führst sie wieder hoch zum oberen orangen Bereich, wo du sie erneut umschlägst.

**4** Umwickle mit ihr nun Stück für Stück das orangene Schnurbündel. Die Schnur dabei stets gleichmäßig straff ziehen.

**5** Nach zehn Umwicklungen führst du die Schnur mit einer halben Umwicklung wieder nach oben bis kurz unterhalb des oberen orangen Bereichs. Dann wickelst du komplett bis nach unten. Dort angekommen, führst du das lose Ende durch die mittlerweile kleine enge Schlaufe, die bei Schritt 3 entstanden ist (siehe S. 30).

**6** Mit einem erwachsenen Helfer kürzt und verschweißt du die überstehenden Enden (siehe S. 6). Zum Reinbeißen!

# PONYLIEBE

DU BRAUCHST: Paracord in einer oder mehreren Farben (Knot*Knot-Empfehlung in Rot) • Ponyhalfter Größe M • Schere • Feuerzeug

1 Stelle das Halfter auf die Größe deines Ponys ein und überlege dir, welche Abschnitte du in welcher Farbe umknüpfen möchtest. Wenn du das komplette Halfter umknüpfen möchtest, stellst du das Halfter lieber noch ein paar Zentimeter größer ein, weil es später enger sitzt, je mehr Knoten drum herum kommen. Hast du ein Shetty, entfernst du die weißen Innenschnüre aus dem Paracord, damit das Halfter nicht zu wuchtig wird.

2 Umknüpfe die einzelnen Segmente des Halfters Riemen für Riemen mit regelmäßigen Strangknoten (siehe S. 8).

3 Gemeinsam mit einem erwachsenen Helfer kürzt und sicherst du die beiden losen Schnurenden am Ende jeder Knüpfstrecke nacheinander mit einem Siegelschluss (siehe S. 8).

## PROFITIPP

Du benötigst etwa 1,70 m Paracord pro 10 cm umknüpfter Länge. Nimm doch einfach für jedes Teilstück eine andere Farbe. Achtung: Die nötige Schnurlänge kann je nach Breite und Dicke des zu umknüpfenden Halfters erheblich variieren!

## KNÜPFTEST

Am Stirnriemen des Halfters kannst du testen, wieviel Paracord du insgesamt brauchen wirst: Knüpfe die Strangknoten mit einer 2,5 m langen Paracordschnur. Wie viele Zentimeter hast du damit umknüpft? Wie lang sind alle deine Halfter-Riemen zusammen? Beim Rechnen hilft notfalls dein erwachsener Assistent.

# GASSI GEHEN!

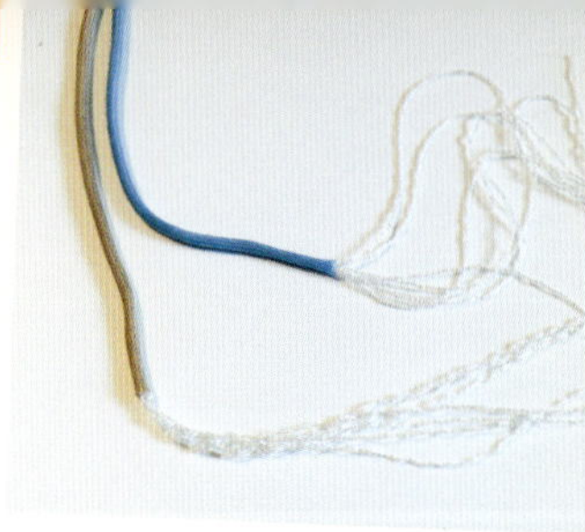

DU BRAUCHST: Paracord zwei Farben (Knot*Knot-Empfehlung in Gold und Türkis), jeweils 3 m lang • Welpengeschirr Größe S • Schere • Feuerzeug

**1** Stelle das Geschirr auf die richtige Größe deines Hundes ein und überlege dir, welche Abschnitte du in welcher Farbe umknüpfen möchtest. Wenn du das komplette Geschirr umknüpfen möchtest, stellst du das Geschirr lieber noch ein klein wenig größer ein, weil es später enger sitzt, je mehr Knoten drum herum kommen. Damit die Umknüpfung nicht zu dick wird, ziehst du die weißen Kernfäden aus der Paracordschnur, sodass nur noch die bunte Mantelschnur übrigbleibt.

**2** Bereite dir eine 2,5 m lange Paracordschnur vor (für eine einfarbige Umknüpfung) bzw. verschweiße (siehe S. 6) zwei 1,25 m lange Schnüre zu einer 2,5 m langen Schnur.

**3** Arbeite in regelmäßigen Strangknoten (siehe S. 8). Ist deine Schnur zu Ende, setzt du neue Fäden an (siehe S. 22).

**4** Erwachsener Assistent bei Fuß: Kürzt und sichert die beiden losen Schnurenden nacheinander mit einem Siegelschluss (siehe S. 8).

**5** Bereit zum Gassi gehen!

## PROFITIPP

Für ein Welpengeschirr wie hier für Fredi benötigt man 1 m Paracord pro 10 cm umknüpfter Länge. Je nach Geschirrgröße und Riemenbreite kann die Länge erheblich variieren. Mache einen Knüpftest an einem Teilstück und errechne dir, wie viele Meter Schnur du benötigst (siehe S. 25).

# GUT GEGÜRTET

DAS BRAUCHST DU: Paracord in einer oder zwei Farben (Knot*Knot-Empfehlung in Schwarz-Weiß und Hellblau), 2 x 4,75 m lang • Klickverschluss (Knot*Knot-Empfehlung in Silbermetallic), 1,6 cm–2 cm breit • Schere • Feuerzeug

1 Zunächst einmal musst du dein sogenanntes Bundmaß ermitteln. Dazu misst du einfach mit einem Maßband den Umfang deiner Hose auf Höhe der Gürtelschlaufen. Wenn das Maßband zum Beispiel 70 cm anzeigt, sollte dein Gürtel auch 70 cm lang werden.

2 Für einen zweifarbigen Gürtel verschweißt du zunächst die beiden 4,75 m langen Schnüre zu einer 9,5 m langen Schnur (siehe S. 6).

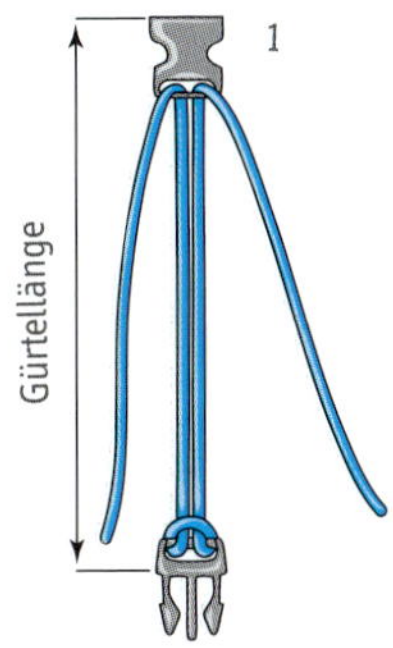

3 Sichere die Schnur auf halber Länge mit einer Doppelschlinge am einen Ende des Klickverschlusses (Abb. 1). Führe die losen Enden auf der in Schritt 1 von dir errechneten Länge durch das andere Ende des Verschlusses und schlage sie um.

4 Knüpfe dann so viele Strangknoten (siehe S. 8), bis der Gürtel die gewünschte Länge erreicht hat. Kürze und sichere die beiden losen Enden gemeinsam mit einem Erwachsenen nacheinander mit einem Siegelschluss (siehe Umschlagklappe links).

5 Wie cool ist das denn?

# AN DIE WAFFEN!

DU BRAUCHST FÜR DAS SCHWERT: Paracord in einer oder zwei Farben (Knot*Knot-Empfehlung in Neongrün), 2 x ca. 1,10 m • Holzschwert oder Holzaxt mit konkavem Griff • Schere • Feuerzeug

## SCHWERT

1 Für eine zweifarbige Umwicklung verbindest du die Schnüre an einem Ende mit einem doppelten Überhandknoten und betrachtest sie bei den folgenden Arbeitsschritten als eine Schnur.

2 Mache einen Wickelknoten: Führe die Schnur längsseitig am Schwertgriff entlang, sodass ein stehendes Ende an der Griffoberseite 10 cm über den zu umwickelnden Bereich hinausragt. Dann schlägst du das lose Ende am unteren Ende des Griffs um und führst es wieder den Griff entlang nach oben.

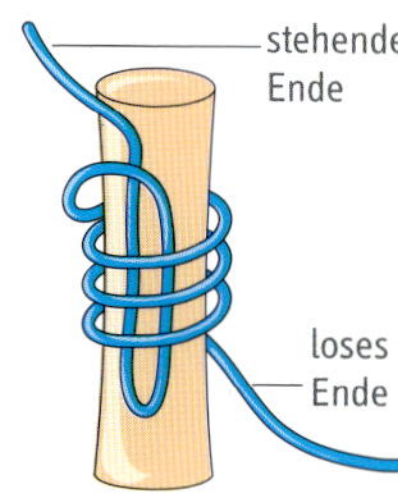


3 Oben angekommen führst du das lose Schnurende über das stehende Ende und beginnst mit der Umwicklung. Achte darauf, dass die Windungen schön straff angezogen sind, sauber und gleichmäßig verlaufen und sich nicht überkreuzen.

4 Unten angekommen führst du das lose Ende durch die mittlerweile klein gewordene Öffnung der Schlaufe, damit sich der Knoten nicht mehr löst.

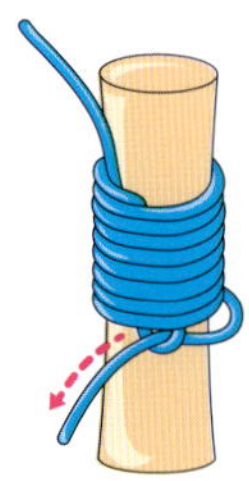

5 Kürze und sichere die losen Enden gemeinsam mit einem erwachsenen Helfer nacheinander mit einem Siegelschluss (siehe Umschlagklappe links).

[Vorderseite]

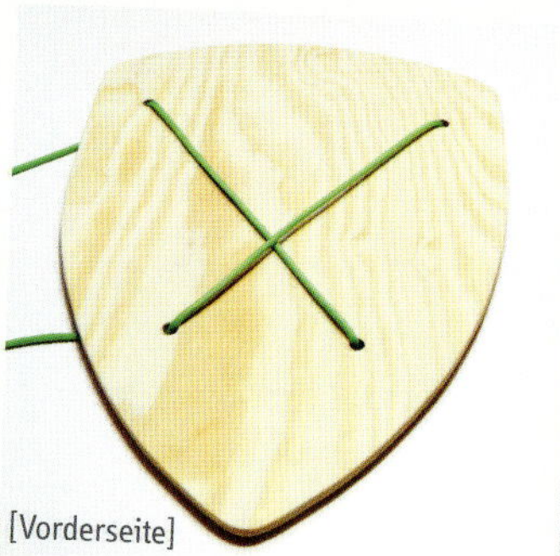

[Vorderseite]

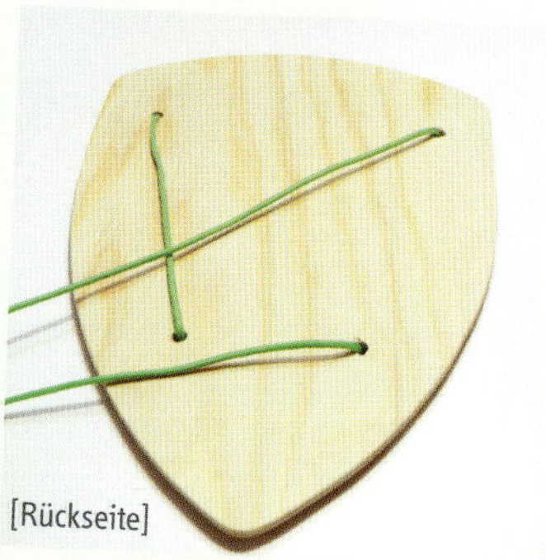

[Rückseite]

[Vorderseite]

[Rückseite]

DU BRAUCHST FÜR DAS HOLZSCHILD: Paracord in einer Farbe (Knot*Knot-Empfehlung in Neongrün), 3,5 m und 1 m lang • Holzschild (ohne Griff), 30 cm breit, 40 cm lang • ggf. Handbohrer • Schere • Feuerzeug

## HOLZSCHILD

1 Schnappe dir einen Holzschild (oder bastle dir einen aus einer Sperrholzplatte).

2 Bitte jemanden aus deiner Familie, dir entsprechend dem nebenstehenden Bild vier Löcher (ø 6 mm) in den Schild zu bohren. Arbeitest du allein, bohrst du mit einem Handbohrer. Die nachfolgenden Arbeitsschritte ergeben einen Schild, der am linken Unterarm getragen wird. Falls du Linkshänder bist und den Schild am rechten Unterarm tragen möchtest, musst du bei der Anleitung immer die Begriffe „links“ und „rechts“ vertauschen!

3 Fädle die 3,5 m lange Schnur rückseitig durch die beiden rechten Löcher, sodass die beiden Schnurenden gleichlang sind. Führe die Enden auf der Oberseite über Kreuz und durch die beiden linken Löcher wieder nach unten.

4 Führe auf der Rückseite das obere, lose Ende nach unten und das untere, lose Ende nach oben und durch die beiden linken Löcher wieder nach oben. Führe die Enden auf der Oberseite über Kreuz durch die beiden rechten Löcher wieder nach unten.

5 Ziehe die Schnüre straff und mach mit den Enden auf der Rückseite jeweils einen einfachen Überhandknoten (siehe S. 20) auf Höhe der beiden rechten Löcher.

**6** Führe das obere der beiden Schnurenden in leichtem Bogen (sodass dein linker Unterarm angenehm hindurchpasst) nach unten, verbinde beide Enden mit einem doppelten Überhandknoten (s. S. 30).

[Rückseite]

**7** Knüpfe mit der 1 m langen Schnur auf der Rückseite einen Anknüpfknoten um die beiden Schnüre der Armhalterung.

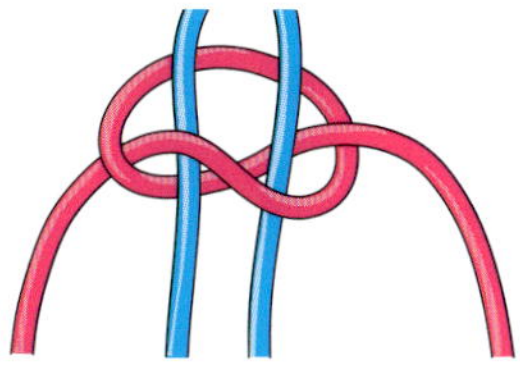

**8** Arbeite dich mit einer Reihe an Strangknoten (siehe S. 8) soweit nach unten vor, bis du den Schild sicher und mittig an deinem Unterarm tragen kannst.

[Rückseite]

**9** Gemeinsam mit einem Erwachsenen kürzt und verödest du alle Überstände.

### PROFITIPP

Du hast bereits einen Schwertgürtel und möchtest ihn jetzt an deinen neuen Schwertgriff anpassen? Kein Problem: entferne einfach das ursprüngliche Seil und ersetze es durch Paracord. Je nachdem, wie lang du die Schnur machst, kannst du das Ergebnis wahlweise als Gürtel oder über die Schulter gehängt tragen.

DAS BRAUCHST DU: Paracord in einer oder zwei Farben (Knot*Knot-Empfehlung in Rosé und Dunkelblau), 2 x 2 m lang • Holzschwert oder Holzaxt mit konkavem Griff • Schere • Feuerzeug

## SCHWERT ZWEIFARBIG

**1** Für eine zweifarbige Umknüpfung verschweißt du die beiden 2 m langen Schnüre zu einer 4 m langen Schnur (siehe S. 6). Wenn du magst, kannst du die Schweißnaht unter einer breiten Perle verbergen.

**2** Lege die Schnur (bei einer einfarbigen Umknüpfung mittig, bei einer zweifarbigen Umknüpfung mittig um 15 cm versetzt) über das obere Ende des Griffs. Führe die beiden losen Enden nach unten, auf der Unterseite über Kreuz, am Anfang der Schwertklinge wieder nach oben und nun auf der Oberseite erneut über Kreuz und unter dem anfänglichen Schnurabschnitt hindurch.

**3** Drehe den Schwertgriff um und arbeite dich nun mit dieser „Wechselschlagtechnik" von oben nach unten den Griff entlang.

**4** Als erstes schlägst du das rechte lose Ende nach links über den Griff und führst es dann nach hinten und wieder rechts zurück durch die eben entstandene Schlaufe nach oben. Festziehen.

**5** Den zweiten Knoten machst du gegengleich, das heißt, dass du das linke lose Ende rechts über den Griff, dann nach hinten und wieder nach links zurück durch die eben entstandene Schlaufe nach oben führst. Festziehen.

**6** Wiederhole die Schritte 4 und 5 solange, bis du am unteren Ende des Griffs angekommen bist. Dabei kannst du die entstehende Knotenlinie entweder parallel zur Seite des Griffs verlaufen lassen oder sie auf der Oberseite des Griffs aufeinander zulaufen lassen.

**7** Mache zum Abschluss einen eng anliegenden doppelten Überhandknoten (siehe S. 30). Ein Erwachsener kürzt und verödet die überstehenden losen Enden.

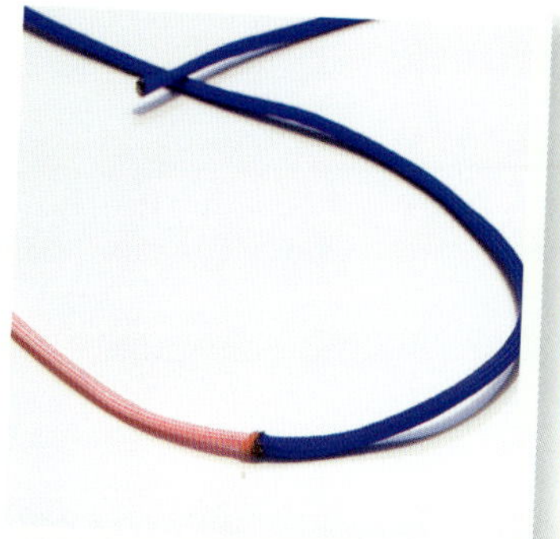

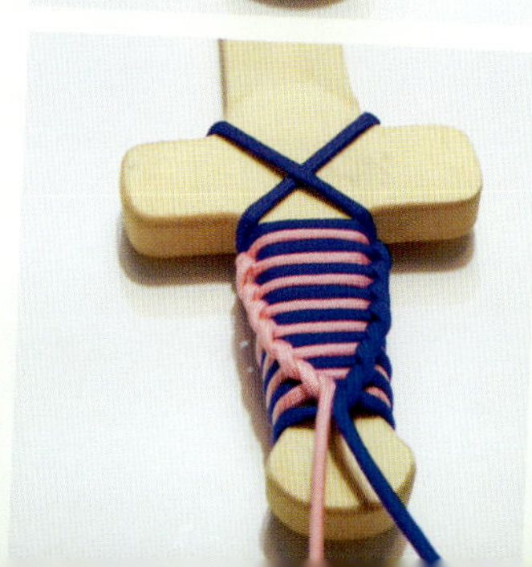

✖✖✖

# RAPUNZELS GLÜCK

DU BRAUCHST: Paracord in einer oder drei Farben (Knot*Knot-Empfehlung in Neonrosa, Weiß und Grau), 4 x 60 cm lang • Haarspange, 5 cm lang • 8, 16 oder 24 Perlen (Knot*Knot-Empfehlung in Transparent, Grau, Violett und Blau), innen ø 4 mm • UHU Alleskleber Kraft • Schere • Feuerzeug

**1** Lege mit allen vier Schnüren mittig eine Schlaufe.

**2** Verdrehe sie einmal.

**3** Ziehe die unten links liegenden Schnurenden nach oben durch die Schlinge.

**4** Achte darauf, dass die Schnüre schön nebeneinander liegen und ziehe den Knoten gleichmäßig, aber nicht zu fest an. Nun legst du den Knoten auf die Spange. Sollte der Knoten die Spange noch nicht vollständig verdecken, dann lockere den Knoten etwas, um ihn größer zu machen.

**5** Klebe den Knoten mit ausreichend Klebstoff auf die Spange und warte mit dem nächsten Arbeitsschritt, bis der Kleber vollständig getrocknet ist.

**6** Jetzt kannst du Perlen auf die losen Enden auffädeln. Achte nur darauf, dass die Spange nicht zu schwer wird. Sichere die Enden jeweils mit einem einfachen Überhandknoten (siehe S. 20).

**7** Zu guter Letzt kürzt und sicherst du an der Seite eines Erwachsenen noch alle losen Enden mit einem Siegelschluss (siehe Umschlagklappe links). Fertig!

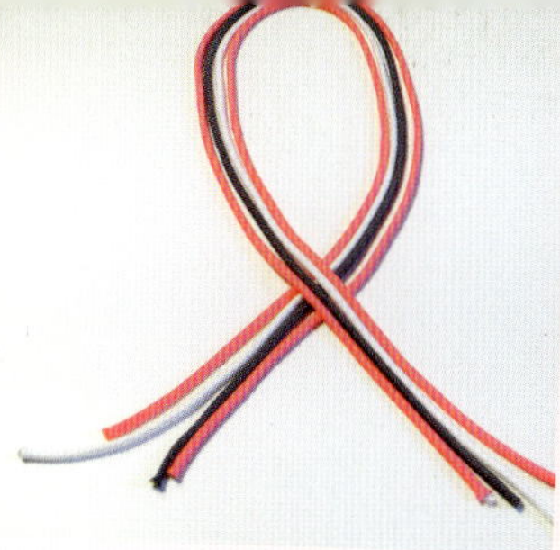

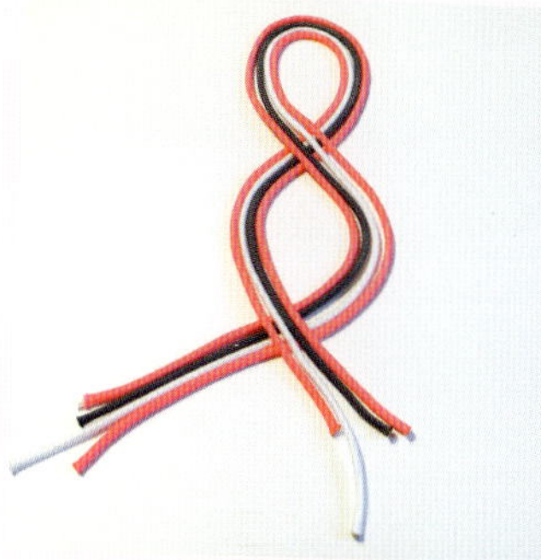

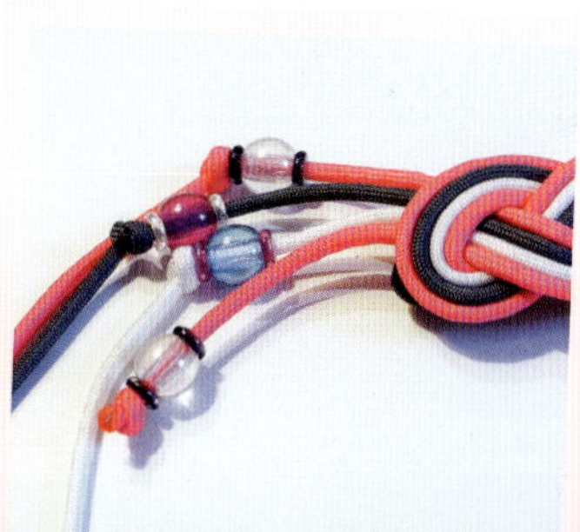

# BLUMEN IM HAAR

DU BRAUCHST: Paracord (Knot*Knot-Empfehlung in Rosé oder Neongelb), 60 cm und 1 m lang • flacher Haarreif aus Metallblech, max. 5 mm breit • Schere • Feuerzeug

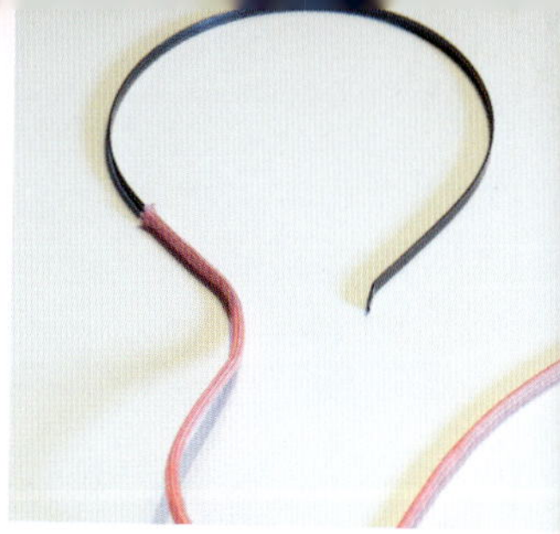

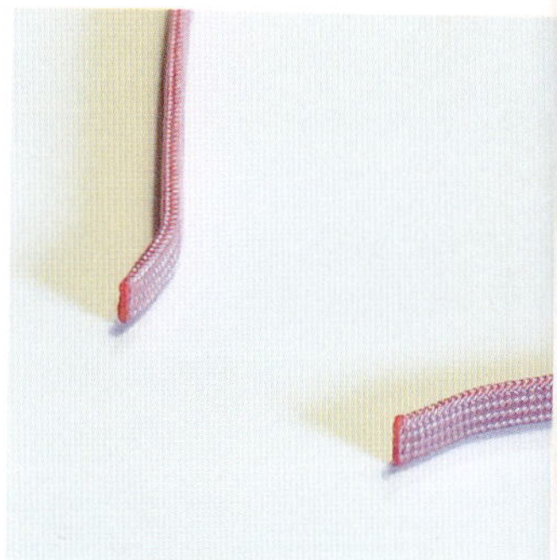

1 Entferne die weißen Kernfäden aus der 60 cm langen Schnur, sodass nur noch die bunten Mantelfäden übrig bleiben.

2 Ziehe diese Mantelschnur über den Haarreif und kürze und verschweiße unter Anleitung eines Erwachsenen die Überstände auf beiden Seiten (siehe S. 6).

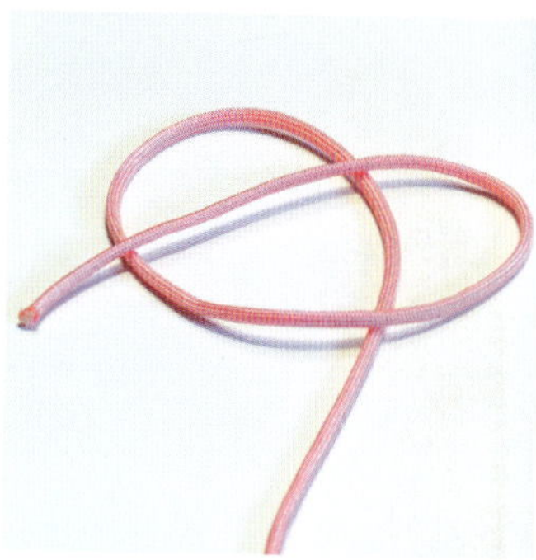

3 Arbeite mit der 1 m langen Schnur: Lege eine Brezel und folge dann den Bögen. Fädle das lose, rechte Schnurende entsprechend dem linken Schnurende ein. Folge dessen Verlauf bis zum Ausgangspunkt. Achte darauf, dass die Schnur immer parallel an der linken Schnur anliegt und sie nicht überkreuzt.

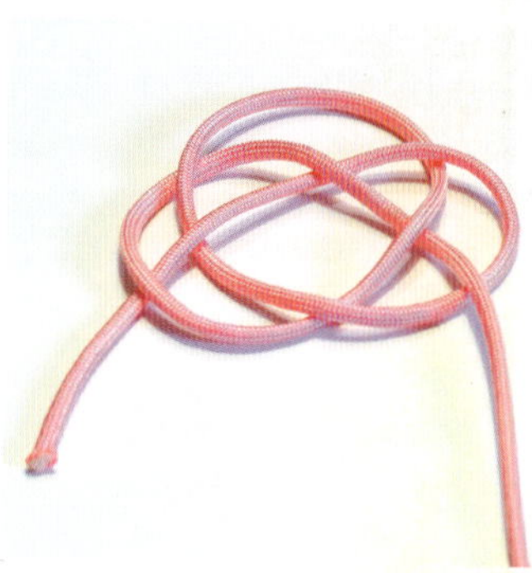

4 Korrigiere den Sitz und die Straffung der Blume, damit sie gleichmäßig aussieht. Kürze und verschweiße mit einem erwachsenen Helfer zusammen die beiden losen Enden versteckt auf der Unterseite.

5 Schiebe die Blume auf den Haarreif und an die gewünschte Position.

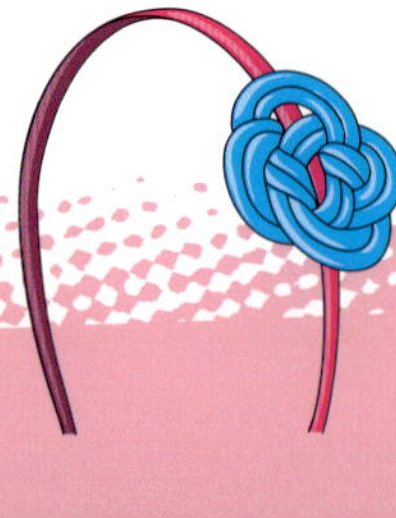

RALPH

# AUF ZACK!

xxx

DU BRAUCHST: Paracord in einer oder in zwei Farben (Knot*Knot-Empfehlung in Rosé und Grau), 2 x 1,10 m lang • Klickverschluss (Knot*Knot-Empfehlung in Schwarz) , 1 cm–1,2 cm breit • Schere • Feuerzeug

1 Für ein zweifarbiges Armband verschweißt du gemeinsam mit einem Erwachsenen die beiden 1,10 m langen Schnüre zu einer 2,20 m langen Schnur (siehe S. 6).

2 Fixiere die Schnur auf halber Länge mit einer Doppelschlinge an einem Ende des Klickverschlusses (siehe S. 9).

3 Dann legst du die beiden losen Schnurenden wie auf dem obersten Foto in Herzform.

4 Jetzt beginnst du mit dem Zickzackknoten: Buchte das rechts liegende, lose Ende durch die Schlaufe des links liegenden, losen Endes. Anziehen.

5 Buchte jetzt das links liegende lose Ende durch die erste Bucht. Anziehen.

6 Wiederhole Schritt 4 und 5 so lange, bis das Armband die gewünschte Länge erreicht hat.

7 Abschließend führst du das letzte lose Ende gerade (nicht als Schlinge) durch die letzte Bucht und ziehst beide Enden straff. Führe beide losen Schnurenden von oben nach unten durch den Klickverschluss.

8 Empfinde mit ihnen die Laufbahn einer Doppelschlinge nach. Gemeinsam mit einem Erwachsenen verschweißt du die Enden zu einem Stück.

# SPORTLICH

DU BRAUCHST: Paracord in einer Farbe (Knot*Knot-Empfehlung in Rosé), 3 m lang • Paracord in anderer Farbe (Knot*Knot-Empfehlung in Schwarz), 1 m und 2 m lang • Turnbeutel mit Kordeln als Schulterriemen (Knot*Knot-Empfehlung in Rosé) • Schere • Feuerzeug

1 Schlage die 3 m lange Schnur um das obere freiliegende Ende der ersten Kordel, sodass 2 m der Schnur zur einen und 1 m zur anderen Seite liegen.

2 Umknüpfe das erste Drittel der Kordel mit Strangknoten (siehe S. 8).

3 Kürze dann das noch überstehende kurze, lose Ende und schweiße (siehe S. 6) gemeinsam mit einem erwachsenen Assistenten die 2 m lange Schnur in der nächsten Farbe an.

4 Umknüpfe das zweite Drittel wie gehabt mit Strangknoten, kürze das noch überstehende, lose Ende von Farbe eins und schweiße mit einem Erwachsenen die 1 m lange Schnur (in Farbe zwei) an.

5 Umknüpfe nun auch das letzte Drittel mit Strangknoten.

6 Unten angekommen kürzt und sicherst du die beiden losen Enden gemeinsam mit einem Erwachsenen nacheinander mit einem Siegelschluss (siehe Umschlagklappe rechts).

7 Bearbeite auch den zweiten Träger auf diese Weise.

# SCHMUCKES AMULETT

DU BRAUCHST: Paracord in einer oder bis zu drei Farben (Knot*Knot-Empfehlung in Rosé und Hellblau), 3 x 1,25 m lang • 2 Perlen in Silber, innen ø 7–8 mm • Schere • Feuerzeug

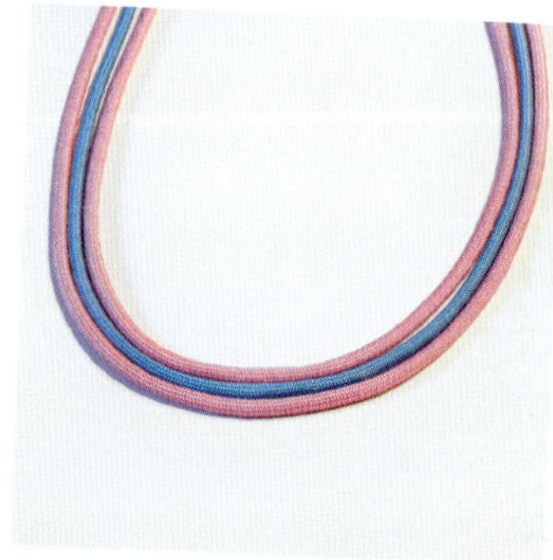

1 Fasse die drei Schnüre bündig und fortan immer parallel laufend zu einer Einheit zusammen und schlage sie auf halber Länge um.

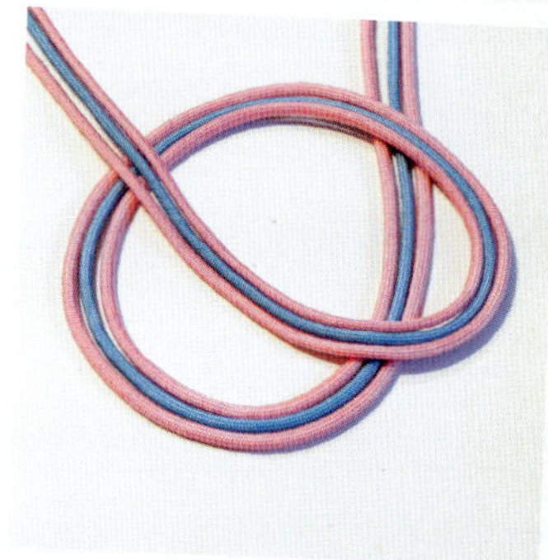

2 Forme mit den linken drei losen Enden eine Brezel.

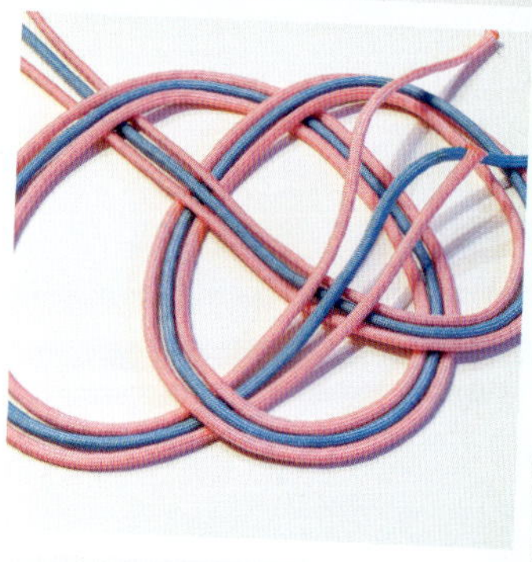

3 Forme mit den rechten drei losen Enden diesen keltischen Knoten: Drunter, drüber, drunter, drüber.

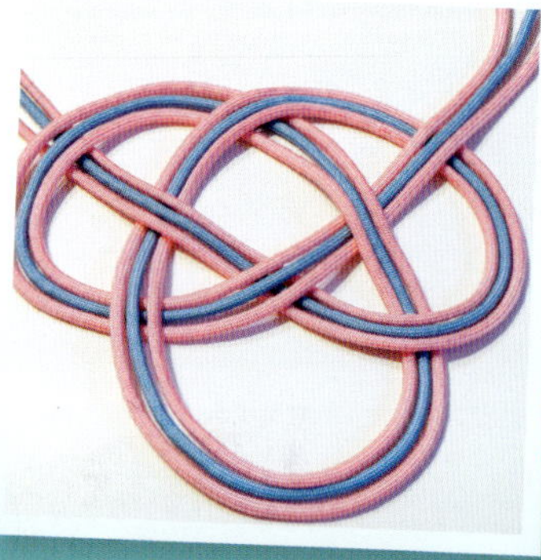

4 Anziehen. Fädle rechts und links vom Medaillon jeweils eine große Perle über alle drei Schnüre.

5 Kürze die Enden auf die gewünschte Länge. Verschweiße (siehe S. 6) zusammen mit einem erwachsenen Helfer die auf jeder Seite in Farbe und Position zusammengehörigen Enden miteinander.

## PROFITIPP

Falls es dich stört, dass sich die Schnüre im Bereich des Amuletts hin und wieder etwas verschieben, gibst du einfach etwas UHU Alleskleber Kraft auf die Rückseite und lässt ihn vollständig trocknen, bevor du dir die Halskette umhängst.

# BUCHTIPPS FÜR DICH

TOPP 19550
Paracord Set Black

TOPP 19551
Paracord Set Neon

TOPP 19549
Paracord Set Candy

TOPP 5899
ISBN 978-3-7724-5899-6

TOPP 5695
ISBN 978-3-7724-5695-4

TOPP 4131
ISBN 978-3-7724-4131-8

TOPP 4153
ISBN 978-3-7724-4153-0

TOPP 5679
ISBN 978-3-7724-5679-4

TOPP 5684
ISBN 978-3-7724-5684-8

TOPP 5675
ISBN 978-3-7724-5675-6

TOPP 5686
ISBN 978-3-7724-5686-2

# AUTOR

Thade Precht lebt und arbeitet als freischaffender Produkt- und Grafikdesigner in Berlin. Mit seinem Büro TPPD widmet er sich vornehmlich spielerischen Themenfeldern wie zum Beispiel Holzspielzeug. Ende 2011 gründete er mit tatkräftiger Unterstützung von Nora Schmidt das Label Knot*Knot. Weitere Informationen zu Knot*Knot findest du im Internet unter **www.knot-knot.de** und **www.facebook.com/TPPD.Berlin**

Ein herzliches DANKESCHÖN an alle gegenwärtigen und zukünftigen Knot*Knot-Fans und an alle eifrigen Leser dieses Buches – ihr tragt maßgeblich zum Erfolg unserer kleinen Bewegung bei :-)

Wir danken der Firma Tactical Trim für die freundliche Unterstützung mit etlichen Metern feinstem Paracord: **www.tacticaltrim.de**

Danke auch an die Firma Rayher Hobby GmbH, Laupheim, für die Bereitstellung von Perlen und Schmuckelementen.

Der Dank der Redaktion gilt unseren Supermodels: Marlene, Lara, Lukas, Tobias, Emma, Elissa, Timo, Gemma, Alina, Nele, Emily, Hund Fredi (und seinem Frauchen Julia) und Pony Nadja (und ihrer Besitzerin Anita) und unserer Praktikantin Jasmin.

## SERVICE

**Hilfestellungen zu allen Fragen, die dieses Buch betreffen: Frau Erika Noll berät dich. Ruf einfach an oder schreibe eine E-Mail.**
**Telefon: 05052/911858***
**E-Mail: mail@kreativ-service.info**

*normale Telefongebühren

# IMPRESSUM

TEXTE, MODELLE UND ARBEITSSCHRITTFOTOS: Thade Precht
FOTOS: frechverlag GmbH, 70499 Stuttgart; lichtpunkt, Michael Ruder, Stuttgart
ZEICHNUNGEN: Ursula Schwab, Haselund
PRODUKTMANAGEMENT UND LEKTORAT: Anja Detzel
LAYOUT UND SATZ: Sophia Höpfner
DRUCK: GPS Group GmbH, Österreich



3. Auflage 2014

ISBN 978-3-7724-5961-0 • Best.-Nr. 5961